C. DE NOVINA

RÉPONSE

A l'Article publié par la **NOUVELLE REVUE** :

(Octobre 1884)

CAUSES GÉNÉRALES

DE

LA GUERRE DE 1870

PARIS

IMPRIMERIE MORRIS PÈRE ET FILS

64, RUE AMELOT, 64

1884

C. DE NOVINA

RÉPONSE

A l'Article publié par la **NOUVELLE REVUE** :

(Octobre 1884)

CAUSES GÉNÉRALES

DE

LA GUERRE DE 1870

PARIS

IMPRIMERIE MORRIS PÈRE ET FILS

64, RUE AMELOT, 64

—

1884

RÉPONSE

A l'article publié par la NOUVELLE REVUE :

(OCTOBRE 1884)

CAUSES GÉNÉRALES

DE

LA GUERRE DE 1870

La *Nouvelle Revue* du mois d'octobre dernier a publié un article intitulé : « *Les causes générales de la guerre de 1870* », —article à tendance et peut-être écrit *par ordre,* développant une théorie singulière sur les événements de 1863 dont le contre-coup, au dire de l'auteur, aurait amené l'isolement de la France en 1870.

L'auteur prétend que rien n'est plus triste pour les gens du métier que de voir l'absurdité des jugements politiques de la masse. Il dit en même temps qu'il s'appuiera sur l'histoire pour prouver que Napoléon III est tombé à Sedan par l'abandon où l'a laissé la Russie, à cause de ses velléités de restauration polonaise.

Homme du métier, l'auteur ignore sans doute que les « *masses* » ont, à défaut de jugement politique, l'instinct politique qui trompe rarement, et c'est l'histoire, tant invoquée par l'auteur, que nous en rendrons juge.

Les parlements, les élections se trompent quelquefois, les diplomates se fourvoient, M. de Talleyrand a spéculé cent fois à la Bourse, sur des données sûres, et cent fois il a perdu ; — les « *masses* », qui ne se guident que par les sympathies et les antipathies et qui connaissent aussi l'histoire,' devinent les tendances ennemies et n'oublient pas les amitiés séculaires. Si les diplomates font peu de cas de cet instinct des masses, l'histoire ne leur donne pas toujours raison.

*
* *

L'article de la *Nouvelle Revue* a été écrit pour servir de canevas politique aux hommes d'État de l'Occident.

Fort de l'engouement passager des Français pour les Russes, l'auteur prêche *pro domo sua* avec un raisonnement d'autant plus dangereux que l'apparente bonne foi de son argumentation sophistique, semble constater entre la France et la Russie la présence d'un fluide de fraternité politique que ni la campagne de Moscou, ni la guerre d'Orient sembleraient n'avoir jamais détruit.

*
* *

Il est à remarquer que les races non européennes, mêlées aux événements européens, vivent en marge de la société. La Russie est dans ce cas. Depuis qu'on écrit l'histoire, ce peuple qui n'est pas de race caucasique, n'a fait que du mal à l'Europe. — Toutes les fois qu'il s'est trouvé mêlé à notre vie, nous n'avons ressenti que la botte de l'envahisseur cruel, inexorable, hostile à nos intérêts, à nos traditions séculaires, à nos aspirations dans l'avenir.

Le fameux testament de Pierre-le-Grand est le dernier mot de la cupidité asiatique et un défi outrageant à l'Europe civilisée, lancé par une race qui ne possède même pas l'alphabet latin dans ses écoles ni le calendrier grégorien dans ses églises.

A maintes reprises la Russie a voulu exécuter ses menaces à l'endroit des peuples européens qui ont une histoire, un passé, une mission bien établis, et qui, à leurs différends internationaux près, sont toujours d'accord pour se protéger mutuellement contre les invasions kalmouques.

Isolée depuis ses origines, la France a toujours dédaigné les alliances : c'est le propre de l'autochthone français de ne compter que sur lui-même, de ne se fier qu'à son labeur, de n'avoir confiance que dans son génie national, sans se soucier des points de vue des voisins. — Si à côté de cet *exclusivisme* national qui est dans le sang français, on voit, entre-temps, à Paris, de l'engouement pour un peuple plus ou moins éloigné, cet engouement provient du tempérament *bon enfant* d'une nation hospitalière, poétique, riche en écus et en vins généreux, en dépit des désastres politiques et du phylloxera.

L'*exclusivisme* politique français procède de la force légendaire de la France. Ce mépris inné des alliances, fondé sur la gloire séculaire des armes et de l'esprit, lui a valu l'empire de la mode, des idées et de la langue qu'échangent entre eux même les antipodes aux heures où ils se croient *polis*.

*
* *

L'auteur préconise les intérèts russes et veut entraîner la France à s'allier fraternellement à la Russie.

Pour atteindre le but qu'il se propose, il dit d'un côté, que les Français, « *si pleins d'eux-mêmes, si absorbés par leur propre individualité, suivent peu ce qui se passe dans les autres pays.* »

Il parle encore de l'honnêteté de la politique russe et des idées chevaleresques de l'empereur Nicolas.

Stratège et homme du métier, l'auteur sait, comme nous, que le testament politique du comte de Nesselrode n'a été un mystère pour personne et que Napoléon III a voulu en empêcher l'exécution en tentant le rétablissement d'une Pologne indépendante.

Héritier de la politique de son oncle, Napoléon III savait quel bien la France pouvait attendre de l'alliance russe qui, se traduisant toujours par des coquetteries diplomatiques, aboutissait invariablement à des trahisons. — Il sentait que la faute commise par Louis XV devait être réparée pour la sécurité de l'Europe. — Cette nécessité politique est tellement impérieuse que l'œuvre non accomplie par l'amitié de la France, le sera tôt ou tard par ces mêmes ouvriers qui, à l'encontre d'Erostrate, ont bâti un temple, celui de la Sainte-Alliance, sans faire, hélas! oublier leurs noms.

La Prusse qui depuis Iéna préparait le coup de main de 1870, dont les préliminaires s'étaient joués à Sadowa, a détruit le prestige militaire de la Russie. La Turquie, menacée en 1877, a prouvé qu'elle possède des forces vitales incontestables.

Si Napoléon III n'a pas recherché l'alliance de la Prusse après Sadowa, pourquoi eût-il recherché celle d'une nation qui n'ouvre aujourd'hui les bras à la France que parce qu'elle se sent impotente; qui ne lui sourit que parce qu'elle croit que le caractère loyal français, toujours sensible au sourire, prendra cette caresse pour un témoignage de sympathie!

La cause des malheurs de la France en 1870 n'est point dans l'abandon où l'a laissée la Russie : pour qu'il y eût eu abandon, il eût fallu qu'il y eût eu préalablement assistance.

La cause des désastres de 1870 est complexe et nous lui donnerons le nom de : fatalité!

Quels que soient les virements de la morale politique, quelque impérieuses qu'en soient les exigences, les Français savent que le vieux cri gaulois du bord de la Seine n'a un écho sincère que sur les bords de la Vistule, et la Russie, pour annihiler un grand peuple, s'adresse bien mal aux Français qui, par la bouche d'un grand historien, ont prononcé les paroles mémorables : « Il y a quelque chose de pire que le bourreau, — c'est son aide. »

Les arguties auxquelles la Russie a recours, ne persuaderont personne. L'humanité entière sait qu'on ne tue pas une nation qu'un siècle de malheurs n'a pu effacer de la carte de l'Europe, que cent ans de martyre n'ont su arracher des cœurs de l'Occident.

Pour ce qui est de l'*honnêteté politique* de la Russie, il serait puéril de prendre l'auteur au sérieux : L'honnêteté n'existe pas

en politique. La vertu des diplomates est ce scepticisme com-
mode qui permet de posséder un instrument jouant tous les
airs sans prendre d'autre souci que de les bien jouer.

La tactique de l'auteur est de faire diversion à une alliance
nouvelle, si discutée de nos jours, et dont la paternité revient
à un homme d'Etat qui, pour servir utilement son pays, a su
faire le sacrifice des rancunes politiques, ce qui est le propre
d'un vrai diplomate.

*
* *

Mais d'où viennent, à l'heure qu'il est, les *pia desideria* d'un
gouvernement qui a applaudi aux saturnales allemandes
de 1870?

Au lendemain du traité de Francfort, la France spoliée et
rançonnée, s'est trouvée isolée dans son deuil comme elle
l'avait été dans ses jours de gloire.

Les puissances européennes qui n'avaient pas été de la curée,
envoyaient des félicitations au vainqueur.

La Russie fit du zèle : elle fêta, au banquet de la St-Georges,
le héros de Sedan.

La France eut bientôt pansé ses blessures et en 1875 la Prusse
eut l'idée de l'envahir de nouveau, mais Alexandre II y mit
bon ordre.....

Les combinaisons russes du côté de l'Orient, le manque de
préparatifs contre la Turquie, un plan de compensations
offertes et acceptées en cas de victoire, ont dicté au czar l'idée
de l'apaisement de la Prusse et produit à Paris un revirement
en faveur de la Russie dont l'intervention factice a égaré
l'opinion publique.

C'est sur cette corde que la Russie joue depuis 1875, toutes les fois que, déçue dans ses alliances naturelles, elle en appelle à la France pour damer le pion à des puissances limitrophes.

Frustrée dans ses idées de conquêtes du côté de l'Orient, menacée par l'Allemagne du côté des provinces baltiques, sapée par le nihilisme, la Russie a recours aux expédients et, en briguant l'alliance française, elle n'a même pas pour excuse la polarité politique qui n'a jamais existé entre les deux nations.

C'est le vieux jeu d'un peuple asiatique de brouiller les cartes, pour en tirer avantage. Mais personne ne s'y laissera prendre, et la *Nouvelle Revue*, dès la première page de l'article, se met en garde contre l'auteur.

*
* *

Prêcher en France l'alliance russe, c'est condamner sans retour la Pologne, ce bouc émissaire de la chrétienté depuis des siècles !

C'est en effet la Pologne qui a sauvé l'Occident des invasions tartares, — c'est elle qui fut une digue constante contre les velléités des conquérants asiatiques dont la Russie a toujours été la personnification.

*
* *

Une ère nouvelle vient de s'ouvrir dans l'histoire do la politique européenne.

Si Louis XIV, dans un moment critique, a prononcé les paroles mémorables : « Puisqu'il faut faire la guerre, je préfère la faire aux étrangers plutôt qu'à mes propres enfants », disons, une fois pour toutes, à ces races intruses qui nous débordent et qui veulent régler le sort de l'Europe : « Nous préférons nos frères européens, quelque malheureux qu'ils soient, à toutes vos caresses asiatiques !

L'Allemagne et la Russie, grâce à la politique intermittente familiale qui les unit, *cousinent* chaque fois qu'il s'agit de « *gaigner* », mais l'Occident voit clair dans ce jeu et est convaincu que leur alliance n'est qu'artificielle. — De là ce désir ardent des diplomates russes d'entraîner la France dans les liens d'une amitié qui ne lui serait que funeste.

*
* *

Il est une loi naturelle qu'on ne saurait éluder : Tout individu qui a froid, veut se chauffer ; — toute nation qui gèle, veut envahir les contrées méridionales.

La nécessité physique de se mettre à cheval sur la mer Noire est devenue pour la Russie un besoin politique impérieux.

Si la Russie trouve tous les moyens bons pour atteindre son but, tous les moyens doivent être bons à l'Europe pour s'y opposer. C'est là qu'est le danger, car c'est là qu'est l'étranger !

*
* *

Depuis François Ier et Soliman-le-Magnifique, il existe entre la France et la Turquie une incontestable solidarité politique.

Cette sympathie s'est trouvée confirmée maintes fois depuis l'échange des deux civilisations : orientale et occidentale, résultat immédiat des croisades. Le fanatisme religieux, mis en balance avec les aspirations politiques, devint une lettre morte dans les relations des deux peuples. La France défend depuis directement et indirectement les intérêts de l'Empire Ottoman qu'elle considère comme une digue contre l'envahissement moscovite.

Faut-il ajouter qu'en 1870 à part la Pologne, la Turquie seule pleura sur les malheurs de la France. Dans un moment de sympathique effusion, le Sultan Abdul-Azis a voulu envoyer cent mille hommes à Marseille, tout comme un oncle riche à millions envoie cent mille écus à un neveu en détresse (*).

*
* *

La politique anti-polonaise de la Russie, léguée à Alexandre II par le testament du comte de Nesselrode, a mis en garde l'empereur Napoléon III qui avait la prescience de l'avenir s'il n'en a pas pressenti tous les dangers.

Tirer la Pologne du néant politique fut son rêve constant, car ce souverain, éclairé par les enseignements de l'histoire, savait qu'une Pologne indépendante était une garantie de sécurité pour la France.

L'esprit mercantile de l'Angleterre, qui d'une main distribue la Bible et de l'autre fait le trafic de l'opium et des faux-

---

(*) Feu Khalil-Shériff-Pacha m'a affirmé ce fait, à Paris, en septembre 1877.

dieux aux Indes, a contrecarré l'idée de l'émancipation de la Pologne et reculé les chances de la paix européenne.

Si le lecteur de ces lignes est convaincu comme nous, que les races non européennes ont toujours exploité l'Europe, il dira que toute immixtion de la Russie dans les affaires de l'Europe ne peut que nous être funeste.

L'Impératrice Catherine II a établi par un oukase que les Russes n'étaient pas Slaves. Les vieux Moscovites sont tellement fiers de leur origine asiatique qu'ils méprisent les Européens et se défendent d'être de la même souche qu'eux. Le célèbre poète Ruthène Schewtchenko a chanté l'oukase de Catherine II le jour où cette même souveraine a voulu, pour les besoins de sa politique, établir, par un contre-oukase, l'origine slave de la Moscovie.

Le persiflage du poète frondeur lui a valu, en dépit de son esprit, l'exil en Sibérie.

Nous opposons cette vérité historique indéniable aux boutades de l'auteur sur le *knout,* sur le *Cosaque,* mangeur de chandelle, et sur la légende de Poniatowski « *dont on berne les Français ignorants de ce qui se passe chez leurs voisins* ». Les Français « *en dépit de leur ignorance* » savent que Poniatowski s'est noyé dans l'Elster, en protégeant la retraite de l'armée française, mais ils savent aussi que dans leur promenade aux Champs-Elysées en 1815 les Cosaques russes ont mangé en réalité de la chandelle et qu'ils le feraient encore. C'est une manière à eux de protester contre la lumière.

Les hordes écloses aux confins de l'Europe manifestent comme elles peuvent leur amour de l'obscurité.

*
* *

Les insinuations malveillantes de l'auteur à l'endroit des sentiments religieux et patriotiques des Polonais, sont puériles. La religion et le patriotisme ont été inséparables chez le peuple martyr, depuis que la Russie a enrôlé des tortionnaires contre tous les sentiments nobles de l'humanité souffrante.

Ce trait du Parthe, jeté dans le camp européen, au moment où quelques groupes se livrent bataille, est un brandon de discorde civile, lancé par la main d'une politique moins honnête que ne le fut, selon l'auteur, celle de l'Empereur Nicolas.

La France, nous dit-on, *aurait dû chercher un allié en arrière de l'Allemagne...* Ici, l'auteur a raison : cet allié sincère, cordial, désintéressé, dévoué depuis des siècles, a été la Pologne.

Sous Louis XV l'ambassadeur français à Copenhague, le comte de Plélo a si bien prévu que la chute de la Pologne serait funeste à la France que, de son propre mouvement, il est allé avec 1,500 Français se faire tuer sous les murs de Dantzick, pour protester contre ce crime de lèse-humanité qui fut depuis connu dans l'histoire sous le nom de démembrement de la Pologne.

*
* *

Les luttes séculaires de l'antique Pologne contre la Russie prouvent moins la rivalité des deux nations que la prévoyance d'une race européenne contre l'envahissement de l'Asie qui veut quand même trouver son assiette politique en plein monde civilisé.

Et il s'en est peu fallu que la question ne fût renversée, que ce fût la Russie qui eût le dessous et que la Pologne sortît victorieuse de la lutte, combien l'Europe ne doit-elle pas regretter que ce soit le contraire qui ait eu lieu !

Que de déboires n'eussent pas été évités à l'Europe, que de difficultés n'eussent pas été épargnées à ses gouvernants !

*
* *

De même que la vieille Gaule, de par sa position géographique, ne saurait être asservie, de même la Pologne, enclavée entre des puissances jalouses de sa mission, devait être assaillie et est tombée depuis un siècle ! Les spoliateurs se souciaient peu de leur honneur en se mésalliant à la race tartare au jour de la curée.

Que cette race ne vienne point nous faire un cours de *politique honnête* au moment où ses complices veulent lui faire rendre gorge.

Elle ressemble à ce banquier véreux qui, enrichi des dépouilles des honnêtes gens, croit avoir acquis le droit de vivre en honnête homme.

*
* *

Les diplomates de l'Occident sans être *polonomanes*, connaissent trop les ficelles de la politique russe pour donner dans le panneau.

La sagesse des gouvernants est cette sagesse qui, faisant le sacrifice des rancunes, envisage froidement les intérêts de la patrie, ne se souciant que de l'approbation de la postérité.

Si les chants patriotiques ont affranchi la Grèce et ensanglanté la Pologne, les proverbes et les chansons sont les chroniques des nations et le *forum* de l'humanité.

N'oublions pas les paroles légendaires de Napoléon Ier à l'endroit du *Russe* et du *Tartare,* — et craignons ceux qui nous offrent des présents !

*
* *

La politique aujourd'hui se joue avec franchise. L'enjeu de l'activité européenne est poussé au centuple. Tout manque de sagesse de notre part ne saurait aller sans de terribles conséquences.

Les familles qui oublient leurs discordes en face de l'ennemi commun, étonnent le monde par la grandeur de leurs œuvres.

Et à l'heure où les Chinois se font prendre au sérieux, Européens d'une civilisation raffinée, unissons-nous tous contre les envahissements à venir, en étant sans cesse sur le qui-vive.

Paris, décembre 1884.

11-81 4950. Paris. Typ. Morris Père et Fils, rue Amelot, 64.

MORRIS PÈRE & FILS IMPRIMEURS PARIS